Todos los libros de Linkgua Ediciones cuentan con modelos de Inteligencia Artificial entrenados por hispanistas. Pregúntale al chat de tu libro lo que desees acerca de la obra o su autor/a.

Para ebooks: Accede a nuestro modelo de IA a través de un enlace.

Para libros impresos: Escanea el código QR de la portada con tu dispositivo móvil.

Obtén análisis detallados de nuestros libros, resúmenes, respuestas a tus preguntas y accede a nuestras ediciones críticas generativas para una experiencia de lectura más enriquecedora.
La transparencia y el respeto hacia la autoría de las fuentes utilizadas son distintivos básicos de nuestro proyecto. Por ello, las respuestas ofrecen, mediante un sistema de citas, las fuentes con las que han sido elaboradas.

Autores varios

Constitución imperial de Haití

Barcelona 2025
Linkgua-ediciones.com

Créditos

Título original: Constitución imperial de Haití.

e-mail: info@linkgua.com

Diseño de cubierta: Michel Mallard

ISBN rústica ilustrada: 978-84-1126-829-5.
ISBN ebook: 978-84-9953-550-0.

Sumario

La historia

La Constitución Imperial de Haití se promulgó en 1805. En 1804 Jean-Jacques Dessalines se había designado a sí mismo emperador de Haití con el nombre de Jacques I. El texto de la Constitución Imperial de Haití fue el resultado de la guerra librada por los esclavos de Haití en nombre de la libertad, y empieza como sigue proclamando la Constitución de un nuevo Imperio, el de Haití.

Constitución Imperial de Haití (1805)[1]

En el Palacio imperial de Dessalines, 20 de mayo de 1805, año II: Nosotros, H. Christophe, Clervaux, Vernet, Gabart, Pétion, Geffrard, Toussaint-Brave, Raphael, Lalondrie, Romain, Capois, Magny, Cangé, Daut, Magloire Ambroise, Yayou, Jean-Louis François, Gérin, Férou, Bazelais, Martial Besse.

Tanto en nuestro nombre particular como en el del pueblo de Haití, que legalmente constituimos los órganos fieles y a los portavoces de su voluntad.

En presencia del Ser Supremo, delante de quien son iguales los mortales, y que ha esparcido tantas especies de criaturas diferentes en la superficie del globo con el fin de manifestar su gloria y su poder en la diversidad de sus obras; en frente de la naturaleza entera, de la que nosotros hemos sido tan injustamente y después de tanto tiempo considerados como los hijos rechazados: Declaramos que el contenido de la presente Constitución es la expresión libre, espontánea e invariable de nuestros corazones y de la voluntad general de nuestros conciudadanos; la sometemos a la sanción de Su Majestad el emperador Jacques Dessalines, nuestro libertador, para recibir su rápida y entera ejecución.

Declaración preliminar

Artículo 1. El pueblo habitante de la noble isla llamada Santo Domingo decide aquí formarse como Estado libre, soberano e independiente de todo poder del universo, bajo el nombre de Imperio de Haití.

1 «Constitution Impériale d'Haiti» (1805), *El pensamiento constitucional hispanoamericano hasta 1830*, Caracas, Academia Nacional de la Historia, 1961, v. 42, tomo III, págs. 159-170.

Artículo 2. La esclavitud es abolida para siempre.

Artículo 3. Los ciudadanos haitianos son hermanos en su casa; la igualdad a los ojos de la ley es incontestablemente reconocida, y no puede existir otro título, ventajas o privilegios, sino aquellos que resulten necesariamente de la consideración y en recompensa a los servicios rendidos por la libertad y la independencia.

Artículo 4. La ley es una para todos, sea que castigue, sea que proteja.

Artículo 5. La ley no tiene efecto retroactivo.

Artículo 6. La propiedad es sagrada, su violación será rigurosamente perseguida.

Artículo 7. La condición de ciudadano de Haití se pierde por la emigración y la naturalización en país extranjero, y por la condena a penas aflictivas e infamantes. El primer caso acarrea la pena de muerte y la confiscación de las propiedades.

Artículo 8. La condición de ciudadano es suspendida por efecto de bancarrotas y quiebras.

Artículo 9. Ninguno es digno de ser haitiano, si no es buen padre, buen hijo, buen esposo, y sobre todo buen soldado.

Artículo 10. No es acordada a padres ni a madres la facultad para desheredar a sus hijos.

Artículo 11. Todo ciudadano debe poseer un oficio manual.

Artículo 12. Ningún blanco, cualquiera sea su nación, pondrá un pie en este territorio con el título de amo o de propietario, y de ahora en adelante aquí no podrá adquirir ninguna propiedad.

Artículo 13. El Artículo precedente no podrá producir ningún efecto contra las mujeres blancas naturalizadas haitianas por el Gobierno, tampoco contra los niños nacidos o por nacer de ellas. Están incluidos en las disposiciones del presente Artículo, los alemanes y los polacos naturalizados por el Gobierno.

Artículo 14. Necesariamente debe cesar toda acepción de color entre los hijos de una sola y misma familia donde el Jefe del Estado es el padre; a partir de ahora los haitianos solo serán conocidos bajo la denominación genérica de negros.

Del Imperio

Artículo 15. El Imperio de Haití es único e indivisible, su territorio está distribuido en seis divisiones militares.

Artículo 16. Cada división militar será comandada por un general de división.

Artículo 17. Cada uno de estos generales de división será independiente de los otros, y se comunicará directamente con el Emperador o con el General en Jefe nombrado por Su Majestad.

Artículo 18. Las islas más abajo designadas son partes integrantes del Imperio: Samana, la Tortue, la Gonave, les Cayemittes, l'île à Vache, la Saone, y otras islas adyacentes.

Del Gobierno

Artículo 19. El Gobierno de Haití es encomendado al Primer Magistrado que toma el título de Emperador y Jefe Supremo del Ejército.

Artículo 20. El pueblo reconoce por Emperador y Jefe Supremo del Ejército a Jacques Dessalines, el vindicador y libertador de sus conciudadanos; se le califica Majestad así como Emperatriz a su augusta esposa.

Artículo 21.[2] La persona de sus Majestades es sagrada e inviolable.

2 El Artículo 21 de la sección «Del Gobierno» se reproduce de la: «Constitution Impériale de 1805», Louis Joseph Janvier, *Les Constitutions d'Haiti (1801-1885)*, Port-au-Prince, Éditions Fardin, 1977, págs. 30-41.

Artículo 22. El Estado acordará un pago fijo a Su Majestad la Emperatriz, del que ella disfrutará incluso después de muerto el Emperador, en calidad de princesa viuda.

Artículo 23. La Corona es electiva y no hereditaria.

Artículo 24. Será asignado, por el Estado, un pago anual para los hijos reconocidos por Su Majestad el Emperador.

Artículo 25. Los niños varones reconocidos por el Emperador están obligados, al igual que los otros ciudadanos, a pasar sucesivamente de grado en grado, con la única diferencia de que su entrada al servicio datará en la cuarta semi-brigada desde la época de su nacimiento.

Artículo 26. El Emperador designa a su sucesor de la manera como lo juzgue conveniente, sea antes o después de su muerte.

Artículo 27. Un pago conveniente es fijado por el Estado a este sucesor, en el momento de su llegada al trono.

Artículo 28. Ni el Emperador, ni ninguno de sus sucesores, tendrá derecho, en ningún caso, ni bajo cualquier pretexto, a rodearse de un cuerpo particular y privilegiado en calidad de guardia de honor o bajo cualquier otra denominación.

Artículo 29. Todo sucesor que se aparte de las disposiciones del Artículo precedente o de la directriz que le hubiera sido trazada por el Emperador reinante, o de los principios consagrados por la presente Constitución, será considerado y declarado en estado de guerra contra la sociedad.

En consecuencia, los consejeros de Estado se reunirán con el propósito de pronunciar su destitución y de asegurar su sustitución por aquel que entre ellos hubiera sido juzgado el más digno, y si ocurriera que el mencionado sucesor elegido se opusiera a la ejecución de esta medida, autorizada por la ley, los generales consejeros de Estado harán un llamado al pueblo y al Ejército, quienes enseguida prestarán ayuda y asistencia para mantener la libertad.

Artículo 30. El Emperador hace, sella y promulga las leyes, nombra y revoca a su voluntad a los ministros, al general en jefe del Ejército, a los consejeros de Estado, a los generales y otros agentes del Imperio, los oficiales del Ejército y de la Marina, los miembros de las administraciones locales, los comisarios del Gobierno cercanos a los tribunales, los jueces y otros funcionarios públicos.

Artículo 31. El Emperador dirige los ingresos y gastos del Estado, vigila la fabricación de las monedas; solo él ordena la emisión, les fija el peso y el tipo.

Artículo 32. A él solo le es reservado el poder de hacer la paz o la guerra, de mantener las relaciones políticas y de contraerlas.

Artículo 33. Él provee a la seguridad interior y a la defensa del Estado, distribuye las fuerzas de tierra y de mar según su voluntad.

Artículo 34. El Emperador, en el caso de que se tramara alguna conspiración contra la seguridad del Estado, contra la Constitución o contra su persona, hará detener enseguida a los autores o cómplices, quienes serán juzgados por un Consejo especial.

Artículo 35. Su Majestad sola tiene el derecho de absolver a un culpable o de conmutar su pena.

Artículo 36. El Emperador jamás emprenderá ninguna empresa con la finalidad de hacer conquistas ni de perturbar la paz y el régimen interior de las colonias extranjeras.

Artículo 37. Todo acto público será hecho en estos términos: «El Emperador de Haití y el Jefe Supremo del Ejército por la gracia de Dios y la ley constitucional del Estado.»

Del Consejo de Estado

Artículo 38. Los generales de división y de brigada son miembros natos del Consejo de Estado y lo componen.

De los ministros

Artículo 39. Habrá en el Imperio dos ministros y un secretario de Estado: El ministro de las Finanzas con el departamento del Interior.

El ministro de Guerra con el departamento de la Marina.

Del ministro de las Finanzas y del Interior

Artículo 40. Las atribuciones de este ministro comprenden la administración general del tesoro público, la organización de las administraciones particulares, la distribución de los fondos para poner a la disposición del ministro de Guerra y de otros funcionarios, los gastos públicos, las instrucciones que regulan la contabilidad de las administraciones y de los pagadores de división, la agricultura, el comercio, la instrucción pública, los pesos y medidas, la elaboración de las tablas de densidad de población, los productos territoriales, los dominios nacionales sea por la conservación o por la venta, los arrendamientos agrícolas, las prisiones, los hospitales, el mantenimiento de las carreteras, los contenedores, las salinas, las manufacturas, las aduanas, en fin, la vigilancia y la fabricación de las monedas, la ejecución de las leyes y los decretos del Gobierno al respecto.

Del ministro de Guerra y de la Marina

Artículo 41. Las funciones de este ministro abarcan el reclutamiento, la organización, la inspección, la vigilancia, la disciplina, la policía y el movimiento del Ejército y de la Marina, el personal y el material de la artillería y de ingeniería, las fortificaciones, las fortalezas, la pólvora y el salitre, el registro de las actas, y los decretos del Emperador, su reenvío a los ejércitos y la vigilancia de su ejecución; él vigila especialmente que las decisiones del Emperador lleguen rápidamente a los militares; denuncia ante los Consejos especiales los delitos militares llegados a su conocimiento y vigila a los comisarios de guerra y oficiales de salud.

Artículo 42. Los ministros son responsables de todos los delitos cometidos por ellos contra la seguridad pública y la Constitución, de todo atentado a la propiedad y a la libertad individual, de toda disipación de fondos que se le hayan confiado; están obligados a presentar cada tres meses al Emperador la estimación de los gastos por hacer, de dar cuenta del empleo de las sumas que han sido puestas a su disposición, y de indicar los abusos que habrían podido colarse en las diversas ramificaciones de la administración.

Artículo 43. Ningún ministro en su sitio o fuera de este puede ser perseguido en materia criminal, por lo hecho en su administración, sin la adhesión personal del Emperador.

Del secretario de Estado

Artículo 44. El secretario de Estado está encargado de la impresión del registro y del envío de las leyes, decretos, proclamaciones e instrucciones del Emperador; trabaja directamente con el Emperador en las relaciones extranjeras, corresponde con los ministros, recibe de estos los requerimientos, peticiones y otras solicitudes que somete al Emperador, así como las preguntas que le son propuestas por los tribunales; reenvía a los ministros los juicios y las piezas sobre las que ha decidido el Emperador.

De los Tribunales

Artículo 45. Ninguno puede atentar contra el derecho que tiene cada individuo de hacer un juicio amistoso por árbitros de su elección. Sus decisiones serán reconocidas legalmente.

Artículo 46. Habrá un juez de paz en cada comuna; no podrá enjuiciar un asunto que se eleve más allá de cien gourdes, y cuando las partes no puedan conciliarse en su tribunal, acudirán ante los tribunales de su respectiva competencia.

Artículo 47. Habrá seis tribunales acondicionados en las ciudades designadas aquí: En Saint-Marc, en Cap, en Port-au-Prince, en Cayes, en la Anse-à-Veau y Port-de-Paix.

El Emperador determina su organización, su nombre, su competencia y el territorio que constituye la instancia de cada uno.

Los tribunales conocen todos los asuntos puramente civiles.

Artículo 48. Los delitos militares están sometidos a Consejos especiales y a formas particulares de juicios. La organización de estos consejos corresponde al Emperador, quien se pronunciará sobre las demandas en casación contra las decisiones tomadas por dichos Consejos especiales.

Artículo 49. Se harán leyes particulares para el notariado y en consideración de los oficiales del estado civil.

Del culto

Artículo 50. La ley no admite religión dominante.

Artículo 51. Es tolerada la libertad de cultos.

Artículo 52. El Estado no provee el mantenimiento de ningún culto ni de ningún ministro.

De la administración

Artículo 53. En cada división militar habrá una administración principal, en cuya organización la vigilancia corresponderá esencialmente al ministro de Finanzas.

Disposiciones generales

Artículo 1. Al Emperador y a la Emperatriz corresponden la selección, el salario y el mantenimiento de las personas que componen su Corte.

Artículo 2. Después del deceso del Emperador reinante, cuando la revisión de la Constitución se haya juzgado necesaria, el Consejo de Estado se reunirá a este efecto y será presidido por el decano más antiguo.

Artículo 3. Los crímenes de alta traición, los delitos cometidos por los ministros y los generales, serán juzgados por un Consejo especial nombrado y presidido por el Emperador.

Artículo 4. La Fuerza Armada es esencialmente obediente, ningún cuerpo armado puede deliberar.

Artículo 5. Ninguno podrá ser juzgado sin haber sido oído legalmente.

Artículo 6. La casa de todo ciudadano es un refugio inviolable.

Artículo 7. Se puede entrar en ella en caso de incendio, de inundación, de una solicitud de su interior, o en virtud de una orden emanada del Emperador o de toda autoridad legalmente constituida.

Artículo 8. Merece la muerte aquél que la ha dado a su semejante.

Artículo 9. Toda sentencia que comprenda la pena de muerte o pena aflictiva, no podrá ser ejecutada, si no ha sido confirmada por el Emperador.

Artículo 10. El robo es penalizado en razón de las circunstancias que le hubieran precedido, acompañado o seguido.

Artículo 11. Todo extranjero habitando el territorio de Haití será, al igual que los haitianos, sometido a las leyes correccionales y criminales.

Artículo 12. Toda propiedad que aquí hubiera pertenecido a un blanco francés es incontestablemente y de derecho confiscada en beneficio del Estado.

Artículo 13. Todo haitiano que, habiendo adquirido una propiedad de un blanco francés, solo hubiera pagado una parte del precio estipulado por el acto de venta, será responsable ante los patrimonios del Estado del saldo de la suma debida.

Artículo 14. El matrimonio es un acto puramente civil y autorizado por el Gobierno.

Artículo 15. La ley autoriza el divorcio en los casos que ha previsto y determinado.

Artículo 16. Una ley particular será dictada concerniendo a los hijos nacidos fuera del matrimonio.

Artículo 17. El respeto por sus jefes, la subordinación y la disciplina son rigurosamente necesarias.

Artículo 18. Un código penal será publicado y severamente adoptado.

Artículo 19. En cada división militar será establecida una escuela pública para la instrucción de los jóvenes.

Artículo 20. Los colores nacionales son el negro y el rojo.

Artículo 21. La agricultura será honrada y protegida, como el primero, el más noble y el más útil de todos los oficios.

Artículo 22. El comercio, segunda fuente de prosperidad de los Estados, no quiere y no conoce trabas.

Artículo 23. En cada división militar será constituido un tribunal de comercio, cuyos miembros son escogidos por el Emperador, y sacados de la clase de los negociantes.

Artículo 24. La buena fe y la lealtad en las operaciones comerciales serán religiosamente adoptadas.

Artículo 25. El Gobierno garantiza seguridad y protección a las naciones neutras y amigas que vendrán para mantener relaciones comerciales con esta isla; a cargo de ellas queda ajustarse a los reglamentos, usos y costumbres de este país.

Artículo 26. Los almacenes y las mercancías de los extranjeros estarán bajo la protección y la garantía del Estado.

Artículo 27. Habrá fiestas nacionales para celebrar la Independencia, la fiesta del Emperador y su augusta esposa, la de la agricultura y de la Constitución.

Artículo 28. Al primer disparo del cañón de alarma, las ciudades desaparecen y comienza la nación.

Nosotros, mandatarios abajo firmantes, ponemos bajo la protección de los magistrados, los padres y madres de familia, de los ciudadanos y del Ejército el pacto explícito y solemne de los derechos sagrados del hombre y de los deberes del ciudadano.

Lo sugerimos a nuestros herederos, a modo de homenaje a los amigos de la libertad, a los filántropos de todos los países, como una señal de compromiso de la bondad divina, que como consecuencia de sus decretos inmortales nos ha procurado la ocasión de romper nuestras cadenas y constituirnos en pueblo libre, civilizado e independiente. Y firmamos, tanto en nuestro nombre privado como en el de nuestros mandantes.

Firmado: H. Christophe, Clervaux, Vernet, Gabart, Pétion, Geffrard, Toussaint-Brave, Raphael, Lalondrie, Romain, Capoix, Magny, Cangé, Daut, Magloire Ambroise, Yayou, Jean-Louis, François, Gérin, Moreau, Férou, Bazelais, Martial Besse.

Presentada para la firma del Emperador, la Constitución del Imperio fue sancionada por él.

Vista la presente Constitución, Nosotros, Jacques Dessalines, 1.º Emperador de Haití y Jefe Supremo del Ejército, por la gracia de Dios y la ley constitucional del Estado, la aceptamos en todo su contenido y la sancionamos, para recibir en el más breve plazo su plena y entera ejecución en toda la extensión del territorio de nuestro Imperio; Y juramos mantenerla y hacerla adoptar en su integridad hasta el último suspiro de nuestra vida.

En el Palacio imperial de Dessalines, el 20 de mayo de 1805, año II de la Independencia de Haití.

Dessalines
Por el Emperador
Juste Chanlatte
El secretario general

Libros a la carta

A la carta es un servicio especializado para
empresas,
librerías,
bibliotecas,
editoriales
y centros de enseñanza;
y permite confeccionar libros que, por su formato y concepción, sirven a los propósitos más específicos de estas instituciones.

Las empresas nos encargan ediciones personalizadas para marketing editorial o para regalos institucionales. Y los interesados solicitan, a título personal, ediciones antiguas, o no disponibles en el mercado; y las acompañan con notas y comentarios críticos.

Las ediciones tienen como apoyo un libro de estilo con todo tipo de referencias sobre los criterios de tratamiento tipográfico aplicados a nuestros libros que puede ser consultado en Linkgua-ediciones.com.

Linkgua edita por encargo diferentes versiones de una misma obra con distintos tratamientos ortotipográficos (actualizaciones de carácter divulgativo de un clásico, o versiones estrictamente fieles a la edición original de referencia).

Este servicio de ediciones a la carta le permitirá, si usted se dedica a la enseñanza, tener una forma de hacer pública su interpretación de un texto y, sobre una versión digitalizada «base», usted podrá introducir interpretaciones del texto fuente. Es un tópico que los profesores denuncien en clase los desmanes de una edición, o vayan comentando errores de interpretación de un texto y esta es una solución útil a esa necesidad del mundo académico.

Asimismo publicamos de manera sistemática, en un mismo catálogo, tesis doctorales y actas de congresos académicos, que son distribuidas a través de nuestra Web.

El servicio de «libros a la carta» funciona de dos formas.

1. Tenemos un fondo de libros digitalizados que usted puede personalizar en tiradas de al menos cinco ejemplares. Estas personalizaciones pueden ser de todo tipo: añadir notas de clase para uso de un grupo de estudiantes, introducir logos corporativos para uso con fines de marketing empresarial, etc. etc.

2. Buscamos libros descatalogados de otras editoriales y los reeditamos en tiradas cortas a petición de un cliente.

Printed in Poland
by Amazon Fulfillment
Poland Sp. z o.o., Wrocław

69735769R00016